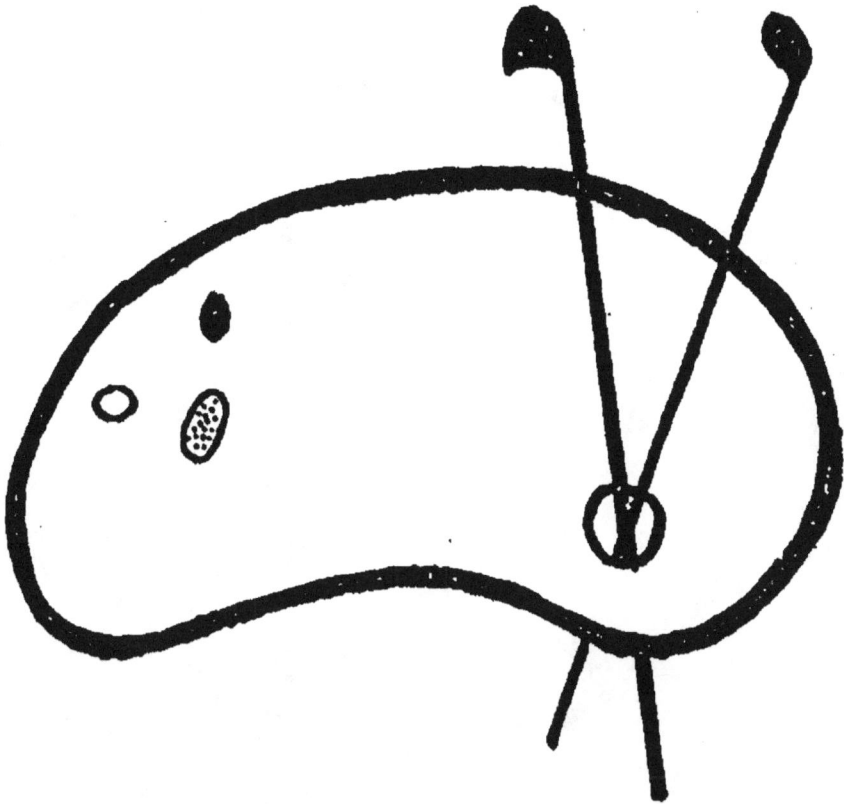

COUVERTURE SUPERIEURE ET INFERIEURE
EN COULEUR

LA REVANCHE DE LA FRANCE PAR LE TRAVAIL

OUVRAGE COURONNÉ PAR LE JURY

DE L'ENSEIGNEMENT

DE L'EXPOSITION UNIVERSELLE D'ÉCONOMIE DOMESTIQUE (PARIS 1872)

LETTRE

A MM. LES MEMBRES DU JURY INTERNATIONAL

DE L'EXPOSITION UNIVERSELLE DE VIENNE (AUTRICHE) 1873

CLASSE DE LA LIBRAIRIE ET DE L'ENSEIGNEMENT
(Section des sciences morales et politiques)

SUIVIE DE

UN DES MALENTENDUS DE LA SOCIÉTÉ FRANÇAISE

PAR

JEAN-PAUL MAZAROZ
Artiste et industriel

TEXTE FRANÇAIS ET TRADUCTION EN ALLEMAND

EN VENTE CHEZ LES PRINCIPAUX LIBRAIRES

DE FRANCE ET DE L'ÉTRANGER

ET CHEZ L'AUTEUR, BOULEVARD RICHARD-LENOIR, 100, A PARIS

LETTRE

A MM. LES MEMBRES DU JURY INTERNATIONAL

DE L'EXPOSITION UNIVERSELLE DE VIENNE (AUTRICHE) 1873

———

MESSIEURS LES JURÉS,

J'ai l'honneur de présenter à votre haute appréciation un livre que j'ai écrit en 1871, sur des notes prises pendant ma vie de travail. J'ai publié ce livre en janvier 1872. C'est un projet de constitution pour la France, mais applicable à tous les peuples civilisés, car l'organisation qui y est développée est puisée dans les lois de la nature, qui sont nos guides éternels.

J'ai intitulé mon livre : *La revanche de la France par le travail.*

Je viens vous demander la permission, messieurs les Jurés, de vous en présenter l'idée sous son jour pratique.

Mon livre contient l'essai de la réorganisation de la *famille professionnelle* d'après les lois naturelles.

La *famille professionnelle* est le complément forcé de la famille consanguine, c'est la seconde face intelligente et active ; sa réorganisation sera le point de départ de l'humanité vers ses nouvelles destinées.

Son développement immédiat, qui est simple et facile, me paraît un besoin urgent ; les derniers et terribles événements de 1870-1871, résultats des fausses spéculations de la société française, sont l'indice évident de ce besoin.

Ces événements forment le quatrième avertissement que, depuis soixante-dix ans, les lois de la nature donnent à la société française ; malgré cela, elle continue à vivre sans constituer une organisation sociale en rapport avec son avancement.

Son mal a deux causes fondamentales :

1° L'abolition des *corporations, maîtrises* et *jurandes.*

Ces institutions étaient sans doute abusives, comme la généralité de celles qui existaient à cette époque ; malgré cela, elles procédaient d'un principe vrai : il fallait donc les réformer, mais non pas les détruire, comme cela a été fait en 1791. Rien ne doit être détruit, mais perfectionné et par cela même transformé.

2° Le *suffrage universel*, avec sa forme actuelle, imprudemment conféré avant l'époque logique et normale de la maturité à un peuple d'imagination ardente et surtout manquant complétement de liens, d'organisation sociale et, partant, d'esprit public.

Il est aussi d'autres maux dont nous souffrons, mais les causes primordiales, fondamentales de notre arrêt dans la voie du progrès sont les deux faits ci-dessus énoncés.

Tous les nobles et savants efforts que le gouvernement de la France fait en ce moment pour régénérer notre pays seront forcément incomplets, s'il n'arrive à rendre intelligent le suffrage universel qui aujourd'hui est aveugle.

Le suffrage universel, tel qu'il est organisé actuellement, est l'arme terrible mise tour à tour au pouvoir du despotisme d'en haut et du despotisme d'en bas; il réagit sans mesure contre un pouvoir qui, en apparence ou en réalité, vient de commettre des fautes, et peut quelque temps après tomber dans l'excès contraire, nous donnant ainsi un gouvernement entraîné, dans un autre sens, à des écarts bien autrement dangereux.

Avec le suffrage universel actuel, neuf électeurs sur dix ne connaissent absolument pas le député qu'ils nomment.

Pour le rendre intelligent, il faut établir le *suffrage universel éclairé*, en organisant au plus vite les *familles professionnelles*, dont les syndicats désigneront des députés spéciaux en proportion équitable avec toutes les forces productives du pays. Alors, et seulement alors, la France sera bien représentée et les intérêts du pays bien dirigés.

Le suffrage universel choisira dans les désignations faites par ses chambres syndicales : aujourd'hui il ne peut choisir, il suit l'impulsion de ses proches ou bien celle d'un parti, toujours passionné.

Cette organisation est simple comme toutes les choses rationnelles.

Les *familles professionnelles*, telles que la nature, les individus et l'esprit d'association par la famille les ont formées, prennent leurs bases, comme élément politique, dans la division électorale de chaque département, par profession ou groupes de professions similaires.

Les professions de l'agriculture sont cantonales, et leurs syndicats sont les comices agricoles.

Les syndicats des intérêts généraux sont les conseils municipaux nommés dans chaque commune.

Les présidents de tous les syndicats, comices agricoles et conseils ou groupes de conseils municipaux, forment le syndicat général, résumant toutes les forces et tous les pouvoirs dans chaque département.

Paix
de
France

Les présidents des syndicats généraux de tous les départements forment la haute cour et le tribunal suprême de la France.

Ce sont les similitudes de goûts, d'instincts, de besoins, de tempéraments, d'aspirations, d'avancement moral et matériel, qui réunissent les individus dans les mêmes professions ; la profession est donc bien la deuxième famille indiquée ou plutôt *imposée* à l'homme par les lois naturelles.

Je crois pouvoir vous assurer, messieurs les Jurés, qu'il découlera de cet ordre de choses, dans un avenir très-rapproché, un bien aussi grand que celui produit par l'établissement définitif de la famille consanguine par le mariage.

Il naîtra de cela un état social issu de la justice, qui produira de suite *la force, la fortune et le bien-être général.*

La Chambre des députés ainsi nommée inaugurera la politique des affaires, du travail et des intérêts, laquelle remplacera pour toujours la politique de la passion, du sentiment et de l'intérêt particulier dont nous souffrons depuis le commencement de ce siècle. La forme du gouvernement, au lieu d'être la chose principale, deviendra absolument secondaire, le fond emportera la forme ; cette dernière sera l'étiquette, mais l'organisation du pays sera la chose, et nous aurons par cela le véritable gouvernement de *tous, par tous, et pour tous.*

Le complément indispensable de cet état social est l'établissement immédiat des *trois grandes caisses nationales* esquissées dans mon livre.

En effet, le seul reproche véritable que le travailleur laborieux puisse faire à la société, c'est que le *fantôme de la misère est toujours à sa porte ;* une maladie, un accident, peuvent à tout instant lui en faciliter l'entrée.

Garantir la sécurité du lendemain aux travailleurs laborieux, c'est la donner en même temps à toutes les classes de la société, à toutes les branches de l'activité humaine, lesquelles, dans l'*état social de transition* où nous vivons depuis soixante-dix ans, ne sont absolument sûres de rien. Le propriétaire ne sait pas si la maison qu'il bâtit ne sera pas brûlée par l'émeute; le commerçant et l'industriel, pour leurs transactions, ne sont pas sûrs du lendemain, etc., etc.

Messieurs les Jurés, toutes ces garanties indispensables seraient acquises par une seule loi, qui accomplira ce grand acte de justice et dont la mise à exécution est d'une facilité élémentaire.

Il faut partir de ce principe : La France, comme un individu laborieux, peut et doit faire en vingt ans la fortune de tous ses enfants, et cela *avec une minime partie de son épargne.*

Je pense, messieurs les Jurés, que la société, après avoir assuré le lendemain à tous les travailleurs laborieux en cas de maladie, chômage, vieillesse ou autres incapacités, *devra,* par l'organe des familles professionnelles et des conseils municipaux, *exiger :*

1° Chaque jour la justification de dix heures de travail, d'études ou d'emploi;

2° La justification par les chefs de famille que les enfants des deux sexes reçoivent ou ont reçu l'instruction primaire et l'instruction professionnelle dans une exploitation communale ou industrielle, publique ou privée, de telle façon qu'en un temps donné il n'existe aucun arbre social qui ne rapporte de beaux et bons fruits, et cela en quantité suffisante.

Ces conditions, messieurs les Jurés, sont indispensables pour la moralisation générale et pour l'augmentation progressive de la richesse publique et privée.

En plus,

Tout cela constitue un contrat équitable et honorable entre la société et les individus, contrat absolument libre de la part du citoyen, mais dont l'exécution, *par la force des institutions qui découleront de la famille professionnelle,* deviendra, comme le mariage, nécessaire et presque inévitable.

En résumé, la famille professionnelle est destinée à fermer toutes les portes du mal et à ouvrir à deux battants toutes celles du bien.

En cet état, les conditions à exiger de l'individu par la société sont donc triples : *travail, instruction et apprentissage intelligent.* Je ne veux pas faire ressortir ici l'urgence des deux premières conditions, elle est trop évidente; mais permettez-moi, messieurs les Jurés, de vous dire un mot de la troisième, l'*apprentissage.*

Depuis le retour de la paix sociale en France, je vois beaucoup de sociétés philanthropiques, pleines de bonnes intentions, s'organiser pour trouver du travail aux ouvriers; il y en a une qui fonctionne dans mon arrondissement.

Ces sociétés me semblent ne voir ni savoir qu'il n'y a plus d'ouvriers en nombre suffisant. Si la société ne porte remède à cet état de choses, de toutes parts la production va nous manquer.

Voici ce qui se passe depuis vingt-cinq ans à Paris : Il ne se fait presque plus d'élèves dans les professions industrielles sérieuses, nous tirons nos ouvriers de la province et de l'étranger; les parents exigent tous, de suite, un gain quelconque pour leurs enfants. Ne pouvant payer un contre-maître à neuf francs par jour, donner du bois, du fer ou de l'étoffe à gâter à des élèves, et pendant ce temps les payer en plus, nous refusons. Alors les parents mettent leurs enfants dans les professions où les patrons, tirant un produit immédiat des apprentis, peuvent les rémunérer faiblement. Ces professions sont généralement celles des lanceurs de navette, dans les ateliers de tissage de Belleville et Ménilmontant; gâcheurs de couleurs et tireurs de papiers, dans les fabriques de papiers peints; plieurs, porteurs et brocheurs, dans les imprimeries et ateliers de reliure; polisseurs, finisseurs, balanceurs, vernisseurs, etc., etc. Enfin ce sont là des accessoires de professions, que des machines simples à inventer et à construire devraient remplacer pour la plupart, mais non des professions sérieuses.

Les enfants, moins surveillés, deviennent marchands de contre-marques, ouvreurs de voitures, etc., etc. Bref, tous les métiers interlopes, qui fourmillent dans Paris, sont exercés plus ou moins bien par ces enfants.

Comme conséquences : 1° Il ne se fait pour ainsi dire pas d'élèves dans les professions du bâtiment, de l'ameublement et du vêtement;

2° Ces professions, qui périclitent, manquant de bras, augmentent la valeur de leurs produits d'une façon insensée depuis trente ans;

3° Tous ces enfants arrivent à vingt ans n'ayant aucun métier sérieux entre les mains. Ne pouvant se donner les jouissances de la vie, que chez les autres ils ont constamment devant les yeux, ils deviennent pour la plupart jaloux de ceux qu'ils nomment leurs exploiteurs. Arrivés là, ils sont devenus les véritables ennemis de la société. Aussi la société parisienne, en ne s'occupant pas d'obliger et d'aider les apprentissages, crée et met au monde tous les vingt ans une armée du mal, composée de *cent mille individus* au minimum, toujours prête à se mettre au service de toutes les exagérations politiques et sociales qu'engendrent périodiquement les malentendus existant entre les classes de la société.

Maintenant, messieurs les membres du Jury international, je pourrais vous répéter la même pensée sur beaucoup de choses qui existent et qui fonctionnent tous les jours; mais ce ne sont que des détails résultant de l'ensemble inharmonique de notre société, démolie, mais non reconstruite, par la révolution de 89; aussi, messieurs, je désire ne vous parler que de l'ensemble.

Milton a dit, dans son *Paradis perdu*, qu'un ange envoyé par Dieu avait d'un coup d'aile dérangé la marche de notre planète, pour punir les humains de leurs fautes; qu'il avait changé par

là nos saisons. Au printemps éternel dont nous avions joui au-
raient alors succédé des changements de température et des cli-
mats différents, qui rôtissent l'homme ou le font geler, suivant les
saisons et les latitudes.

Notre société, messieurs les Jurés, est dans la position de la
terre après le coup d'aile de l'ange; nous sommes tour à tour
gelés ou rôtis par les différents partis qui s'arrachent alternati-
vement le pouvoir depuis soixante-dix ans. Le peuple français
souffre et paye toujours. Lui, un des plus intelligents, des plus
courageux, des plus travailleurs de tous les peuples de la terre,
et aussi un des plus riches, politiquement, il est le plus mal-
heureux.

Tout cela parce que l'ange de 89, faillant à sa mission, a
étouffé dans son enfance, en la personne des *corporations*, la
famille professionnelle, qu'il avait au contraire pour mission de
développer en l'élevant à l'état de *principe politique*.

Je pense, messieurs les Jurés, que vous aurez la bonté de
reconnaître que le digne et logique complément de la grande
mission de notre siècle sera l'installation pure et simple, mais
générale, de la famille professionnelle; l'équilibre de notre planète sociale sera pour ainsi dire rétabli, et nous jouirons politiquement dans l'avenir, sans efforts ni révolutions, du printemps
éternel dont jouissent les sociétés et les individus qui ont la
sagesse de conformer leurs actes et leur vie aux lois de la nature,
que Dieu a mises constamment devant nos yeux, mais que nous
ne semblons ni voir ni connaître.

La famille professionnelle, c'est le droit, la justice, le progrès
et la force, c'est l'équité fraternelle, enfin c'est *la solidarité pro-
portionnelle et logique*.

J'espère et pressens que notre génération installera la famille
professionnelle comme élément politique; mais, messieurs les
membres du Jury international, peu importe pour le résultat,
cette solution est écrite dans le livre des destinées, elle est fatale

et forcée ; c'est la seule route du progrès éternel, et Dieu a dit aux sociétés humaines : Vous passerez toutes par là.

Veuillez agréer, messieurs les membres du Jury, les respectueuses salutations de votre très-humble et très-obéissant serviteur,

JEAN-PAUL MAZAROZ,

Artiste et industriel, 100, boulevard Richard-Lenoir, à Paris.

Paris, 1er janvier 1873.

LA LIBERTÉ

Ce mot a été à la fois le drapeau de l'affranchissement, puis l'arme à deux tranchants dont se sont servis tous les hommes politiques depuis soixante-dix ans.

L'ignorance des choses pratiques a permis de faire de ce substantif nul et faux en tous points, depuis la nuit du 4 août 1789, le mot du commencement et de la fin de toutes les oppositions politiques, des despotismes et des pouvoirs plus anodins qui se sont succédé depuis cette époque.

La liberté n'est qu'un mot sans aucune portée véritable; personne n'est libre vis-à-vis des lois de la nature et des obligations qu'elles nous imposent. La pratique de la liberté à ce point de vue, c'est le crime, le délit ou au moins la licence.

Les libertés personnelles et collectives sont limitées *par les lois et le devoir ;* celui qui ne sait pas dire quelle est la loi qui le gêne, ou quelle est celle dont il a besoin pour le protéger davantage, est un être inintelligent quand il est de bonne foi, et un homme dangereux quand il connaît le néant du mot qu'il prononce.

Celui qui comprend la splendeur du devoir est lié, par cela même, à tout ce qui l'entoure ainsi qu'à ceux avec lesquels il traite ou produit quoi que ce soit.

L'honnête homme jouit donc de la seule liberté de n'être jamais libre dans toutes ses positions sur l'échelle sociale.

Et le mot *liberté* est dans toutes les bouches ! ! !

On a brûlé Paris en soixante et onze, au nom de la liberté et croyant la défendre !

C'est, à n'en pas douter, le *libre arbitre* que les masses comprennent instinctivement dans le mot liberté; sans cela ce mot creux et faux n'aurait jamais eu la vogue dont il jouit depuis trop longtemps.

Oui, c'est le *libre arbitre* qu'il faut développer chez l'homme, en lui prouvant que la seule route du progrès et du bonheur, c'est le *travail* et le *devoir*.

Lamartine, à qui un ami reprochait doucement les quêtes faites à son bénéfice, s'excusait en répondant que c'était un peu de liberté qu'il réclamait ainsi à ses compatriotes.

En effet, l'homme dans le besoin n'est pas libre; celui qui est menacé de la misère et de ses terribles conséquences pour lui et pour ceux qu'il aime est dans une position affreuse; l'individu qui alors reste vertueux jusqu'au bout est un *être sublime;* dans tous les cas, cet homme n'est pas dans son état normal, il ne jouit pas de son véritable *libre arbitre*.

La société n'aura rendu tous ses enfants libres que lorsque, contre la preuve de leur obéissance à la loi du travail, elle aura assuré *leur lendemain*, en cas de maladie, chômage, vieillesse ou incapacité !

Le paresseux mérite et a besoin de la perspective de la misère pour réveiller en lui les nobles qualités du travail qui y sont endormies.

Mais le laborieux, en payant sa part des taxes, doit être exempté de cette grave préoccupation.

La société française peut le faire facilement au profit de tous ceux qui le méritent, avec une faible part des impôts publics. Elle n'a besoin pour cela, à l'heure qu'il est, que de la vertu suffisante pour accomplir ce grand acte de prévoyance et de justice.

PAUL MAZAROZ.

Paris, 1er janvier 1873.

1251 — Paris, Imprimerie Jouaust, rue Saint-Honoré, 338.

www.ingramcontent.com/pod-product-compliance
Lightning Source LLC
Chambersburg PA
CBHW072028290326
41934CB00011BA/2908